Sieglinde

Tür- und
Wandkränze

Frech-Verlag Stuttgart

Fotos: Birgitt Gutermuth

Auflage: 10. 9. 8. 7. | Letzte Zahlen
Jahr: 1997 96 95 94 | maßgebend

ISBN 3-7724-1212-2 · Best.-Nr. 1212

© 1988

frech-verlag
GmbH + Co. Druck KG Stuttgart
Druck: Frech, Stuttgart

Naturkranz
Abbildung umseitig

Eibe (Taxus)
Thuja
Kiefernzapfen
Islandmoos natur
Edelweißflechte
Lotos mini
Juteband natur, 25 mm
Drahtreif, 30 cm ⌀
Bindedraht

Anleitung:
Die Zweige in ca. 15 cm Länge schneiden. Die Zapfen, die Edelweißflechte und das Islandmoos andrahten.
Zuerst nur Tannengrün über den Drahtreif binden; das ergibt die Kranzunterlage. Auf diese binden Sie die zugeschnittenen Zweige, zuerst die längsten, damit Sie das Ende des Kranzes unter den Anfang schieben können.
Abwechselnd binden Sie das Grün und die übrigen Materialien auf die Kranzunterlage. Wichtig ist, daß Sie rundum gleich breit binden. Die Kranzmitte muß gleichmäßig rund sein.

Es ist nicht nur ein liebenswerter Brauch, Haus und Heim das ganze Jahr über mit Tür- und Wandkränzen zu schmücken, sondern auch ein Ausdruck unserer Lebensfreude. Besonders der Türkranz ist bei uns als ein Zeichen herzlichen Willkommens bekannt.

Ein Blick in die Geschichte zeigt, daß der Kranz schon immer eine große Bedeutung hatte. Er galt als Schutz für das Haus, aber auch als Symbol für Wachstum und Leben.
Die Kopten z. B. sahen im Kranz ein Symbol der Unsterblichkeit. Im Shintoismus schützte der aus Schilf geflochtene Kranz vor Krankheiten. Nicht zu vergessen den Lorbeerkranz, der in der Antike den Sieger schmückte.
Es ist noch nicht lange her, daß man auch bei uns dem Kranz die magische Kraft zuschrieb, Liebende zusammenzuführen und Liebesschmerz zu heilen.

Wenn wir heute wieder Haus und Heim mit Tür- und Wandkränzen schmücken, sind wir uns bewußt, daß dies einer alten Tradition entspricht, mit der wir uns und unseren Gästen eine Freude bereiten.

Weidenkränze

Weidenkränze sind dekorativ
und sollten von den schmückenden Elementen
nicht zu sehr verdeckt werden.

Sie sind vielseitig zu verwenden:
Ob als Türkranz oder Fensterschmuck,
hängend als Nest,
frühlingshaft oder herbstlich geschmückt,
sie sind das ganze Jahr aktuell.

Da Weidenkränze
von Natur aus sehr hell sind,
werden sie gern in Pastelltönen
oder in Weiß verarbeitet.

...mit Blüten, Beeren und Vögeln

Material:
Weidenkranz natur, 25 cm ⌀
Steckschaum
Immortellen rot und weiß
Beerentuffs rot
Brombeerzweig schwarzgrün
Erikamoos oliv

Islandmoos grün
2 Marienkäfer auf Blatt
3 weiße Vögel
3 m Satinband rot, 3 mm
1,50 m Satinband weiß, 3 mm
Pattex-Klebepistole

5

Weidenkranz gold-lila

Material:
Weidenkranz gold, 30 cm ∅
Schleifenband lila, 25 mm
Glimmerband flieder, 10 mm
Federn flieder
Canella flieder
Briza maxima, lila
Lavella flieder
Capblume lila
Lockenschilf lila
Schlangenholz lila
Schmetterlinge flieder
Bouillon gold
Pattex-Klebepistole

Anleitung:
Je 1,30 m des Schleifen- und Glimmer-
bandes als Aufhängung nehmen.
Dieselbe Menge des Bandes für eine
große Schleife verwenden und zwischen die Aufhängung kleben.
Die Materialien werden quer über den
Kranz geklebt, zuerst das Schlangenholz, dann die Canella, oben und unten
eine Feder, dazwischen zwei Sträuß-
chen Briza und die Lavella, das Lockenschilf etwas verschlungen dazwischen,
rechts oben einen Tuff aus Capblumen.
Zum Schluß alles mit dem ausgezoge-
nen Bouillon umwickeln.

…und mit blauen Vögeln

Material:
Weidenkranz weiß, 25 cm ∅
Steckschaum
2 blaue Vögel
Steckschaum
Kleeblüte hellblau
Hafer dunkelblau
Gänseblümchen weiß
Vergißmeinnichttuff hellblau
1,50 m Satinband hellblau, 3 mm breit
2 m Satinband hellblau, 2 cm breit
1,50 m Perlenschnur hellblau
Islandmoos dunkelblau
Pattex-Klebepistole

Anleitung:
Steckschaum in den Kranz kleben, Vögel daraufsetzen und ebenfalls festkleben.
Die Trocken- und Seidenblumen einstecken und den Steckschaum mit
Moos abdecken.
Mit Satinband den Kranz aufhängen, einen Schleifentuff binden und einstekken; zusätzlich das feine Satinband mit
einbinden, die Perlenschnur andrahten
und einstecken.

*Die Abbildung dieses Kranzes finden
Sie auf der nächsten Seite.*

Weidenkranz mit Storch

Ein typisches Beispiel dafür, wie die Schönheit des Basiskranzes erhalten bleibt, wenn die Dekoration sich auf die Ausgestaltung eines Nestes beschränkt.

Material:
Weidenkranz natur, ca. 22 cm ⌀
2 m Satinband rot, 20 mm breit

Steckschaum
Islandmoos grün
Statice
Federn weiß
Immortellen rot
Vogelnest
Birkenrinde
Briza segromi grün
Chenillestorch
weißes Ei
2 Plüsch-Marienkäfer

Weidenkranz rosa

Material:
Weidenkranz rosa, 30 cm ⌀
Koralle weiß
Herzchenperlenkette weiß
Glaskügelchen rosa
Rosenbund gefüllt, rosa
Big Flower burgund
Perlenkette weiß
Satinnoppenband weiß, 5 mm breit
Satinnoppenband weiß, 15 mm breit
Straußgras rosa
Star Everlasting weiß
Stoffblätter rosa

Weidenkranz mit Beeren

Material:
Weidenkranz weiß, 19 cm ⌀
Steckschaum
Islandmoos hellgrün
Erikamoos grün
Beerenkugeln rot
Gänseblümchen weiß
Ilexbeeren rot
Blätter grün, 40 × 25 mm
1,50 m Satinband, 3 mm, weiß
2 m Satinband, 3 mm, rot

Osterschmuck

Material:
Weidenkranz weiß, 19 cm ⌀
3 irisierende Hasen weiß
1,50 m irisierendes Band, 15 mm breit
1,50 m Satinband, weiß, 3 mm breit
Vergißmeinnicht irisierend

Glimmer-Blütenstempel
1 m Perlenband weiß
Straußgras grün
Agrostis segromi grün
Agrostis pulchella
Pattex-Klebepistole

Weidenringe

Neben den Weidenkränzen,
die gerade behandelt wurden,
sind auch Weidenringe
vielseitig einsetzbar.

Sie sind leichter, duftiger;
das wird am Fenster häufig bevorzugt.
Auch hierbei sollte die Weide
nicht zu stark zurücktreten.

Sehr schön,
wenn sich kleine Blüten am Weidenring hochranken,
wie in dem einen Vorschlag.

Weidenring grün/pink

Material:
Weidenring gebleicht 17 cm Ø
Osterei grün
Porzellanvögel weiß
Glixia grün
Minimargerite weiß und pink
Hafer rosé
Federn weiß
2 m Schleifenband pink, 1 cm breit

Weidenring grün/rot

Material:
Weidenring gebleicht, 17 cm Ø
Steckschaum
Islandmoos grün
Hafer natur

Blütenbund Seide altrot
Ginster weiß
Federn weiß
Hahn und Henne braun
2 Eier weiß
2 m Satinband dunkelgrün, 1 cm breit

Türkränze

Als Türkränze
eignen sich hauptsächlich
rustikale Versionen,
und es kommt viel Naturmaterial
zum Einsatz.

Mit Hilfe von Bindedraht
lassen sich problemlos Heukränze schaffen.
Wer die Herzform
oder eine Tropfenform bevorzugt,
greift gern zur käuflichen Basis.

Heukranz mit Trockenblumen

Material:
Bindedraht
Metallring, 25 cm ⌀
5 getrocknete, gelbe Rosen
Mohnkolben groß und klein
Fluffy
Lavella rost
Kalixpilze
Protea
Eukalyptusglocken
Hafer natur
Briza maxima und medium
Islandmoos beige
Blätter grün
Steckziegel
5 m Schleifenband, 20 mm breit, oliv
3 m Schleifenband, 15 mm breit, oliv
langfaseriges Heu (Zoogeschäft)

Anleitung:
Das langfaserige Heu mit Bindedraht
so über den Metallring binden, daß ein
Heukranz mit ca. 35 cm ⌀ entsteht.
Diesen an einem 1 m langen Band aufhängen.
Auf den Heukranz ein Stück Steckziegel kleben, zusätzlich noch mit Bindedraht befestigen. Die Protea und Eukalyptusglocken in die Mitte des Ziegels
stecken, dazwischen die Fluffy. Die Rosen und Mohnkapseln stufenförmig
einstecken. Grundsätzlich darauf ach-
ten, daß die Anordnung der eingesteck-
ten Materialien eine Dreierformation er-
geben.
Die Kalixpilze rechts am Kranz in Bo-
genform ankleben.
Eine Schleife binden und in der oberen
Mitte des Kranzes einstecken.

...und mit Maisblattfiguren

Material:
Bindedraht
Metallring, 25 cm ⌀
Nigella
Briza medium braun
Lagurus natur
ca. 3,60 m Rustikalband braun, 25 mm
langfaseriges Heu (Zoogeschäft)
3 Maisblattfrauen

Anleitung:
Langfaseriges Heu mit Bindedraht fest um den Metallring binden. Auf diesen Rohling das Heu locker binden, abwechselnd kleine Büschel von Lagurus, Briza und Nigella dazwischen binden.
An ca. 1,30 m Band aufhängen und aus den restlichen 2,30 m eine Schleife binden und einstecken. Die Maisblattfrauen um die Taille andrahten und in den Kranz stecken.

Heukranz in Tropfenform

Material:
Heutropfen
Satinnoppenband, 5 mm, rot
Satinband, 8 mm, grün
Buchs künstlich
Ilexbeeren rot
Blaubeeren

Trollblume weiß
Belis weiß
Federn weiß
2 große Eier rot
2 kleine Eier weiß
1 mittelgroßes Ei rot
3 grüne präparierte Blätter
4 Chenille-Hähne
Dschungelmoos

Heuherz

Material:
Heuherz
Satinband, 15 mm, rot
Satinband, 8 mm, grün
Glixia rot
Buchs künstlich
Belis mini weiß
Broom bloom grün
Chenille-Hähne und -Hennen
Steckschaum
Bindedraht

Dekorierter Mooskranz

Material:
Mooskranz, 25 cm ∅
Satinnoppenband rot, 5 mm
Ginster weiß
3 große Steckeier rot
Beeren rot

Mini Belis weiß
Teufelsbällchen
Buchs künstlich
Hahn und Henne braun
2 Marienkäfer auf Blatt

Kränze und Gebinde aus Reisig

Reisig ist beim Binden eines Kranzes
oft recht widerspenstig.
Aber gerade die naturgegebenen
kranzähnlichen Gebilde
wirken lebendig.
Nur selten wird Reisig geflochten.

Kranz mit Vogelpaar

Material:
Birkenreisig, Bindedraht,
Steckschaum, Ginster rosé,
Dekovögel flieder, Ästchen, Kornnest,
Islandmoos rosé, Erika flieder,
Diorröschen flieder, Blütenbund flieder,
Big Boton rosé, Isolepsis oliv,
Adrianthum, Schleierbinse flieder,
Chenille-Schmetterling rosé,
Tüllband, 5 cm, weiß,
Satinband, 15 mm, rosé,
Straußgras grün

Anleitung:
Zuerst binden wir aus dem Birkenreisig
eine Eiform, die oben und unten mit
Bindedraht zusammengebunden wird.
Steckschaum auf die unteren waag-
rechten Zweige kleben, mit Moos abdecken, das Nest, den Zweig und die
Vögel daraufkleben. Rechts und links
die Blütenrispen einstecken, das Isolepsis vorsichtig über eine Schere zie-
hen, so daß es einen natürlichen
Schwung bekommt. Die Kleinblüten
auf der Vorderseite verteilt einstecken.
Die Schleierbinse andrahten und quer
über dem Islandmoos einstecken. Den
Kranz an ca. 1,30 m Satinband aufhängen und aus der gleichen Menge Band
eine Schleife binden, andrahten und
ebenfalls einstecken. Den Draht mit
zwei Blüten abdecken.

Reisigkranz geflochten

Kranz, 25 cm ⌀
Ginster weiß
Lavella gelb
Dschungelmoos
Pilze künstlich
Röschenbund gelb
Buchs künstlich, Isolepsis grün

Enten gelb, zum Einstecken
Satinband gelb, 15 mm und 3 mm
Satinband grün, 8 mm
Steckschaum
Bindedraht
2 kleine Eier gelb
2 Kunststoffherzchen

Gebinde in Eiform

Material:
Reisig-Ei (aus dem Fachgeschäft
oder selbst gebunden)
Steckschaum, 2 rosa Eulen
Islandmoos grün

Straußgras grün
Ginster rosa
Gänseröschenknospe
Glockenblume rosa
3 m Satinband rosa, 15 mm breit

Und noch einmal:
Ein Ei
aus Birkenreisig

Die sauber gebundenen Schleifen in hellem Gelb bilden einen starken Kontrast zu dem kaum gebändigten Birkenreisig.

Material:
Birken-Ei
Steckziegel
2 Maiglöckchen
Minimargeriten weiß
Islandmoos maigrün
Straußgras grün
Isolepsis grün
Glixia gelb
Federn gelb
2 Chenille-Gänse gelb
1 Marienkäfer auf Blatt
6 m Satinband gelb, 15 mm

Anleitung:
Die Olivenschlaufe mit Satinband aufhängen, eine Schleife binden und an
der Aufhängung befestigen.
Am unteren Kreuzpunkt der Schlaufe
Steckziegel festkleben und mit Bindedraht sichern.
Aus Anaphalis, Cupblume und Big Flower einen Blütentuff bilden, die Ti-Tree
und Glixia in Dreier-Gruppen einstekken. Über den Blütentuff werden Vogel
und Schmetterlinge gesteckt.

Olivenschlaufe

Material:
Olivenschlaufe
rosa Vogel
2 Schmetterlinge rosa
4 m Satinband rosa, 20 mm
Glixia rosa, Anaphalis rosa
Cupblume rosa, Big Flower grün
Ti-Tree rosa, Steckziegel

Olivenkranz

Material: Steckschaum,
Bindedraht, Birkenrinde,
Olivenkranz, ca. 30 cm ⌀,
Wurzel, Dschungelmoos,
3 m Satinband, 15 mm,
Broom bloom grün,
Mondico-Blätter,
Big Flower oliv,
2 gelbe Vögel,
gelbe Rosen,
Vogelnest,
Anaphalis

Den Olivenkranz an ca. 1,30 m Band aufhängen. Aus dem Rest des Bandes eine großzügige Schleife binden und in der oberen Mitte des Kranzes einstekken.
In die untere Mitte Steckschaum kleben, die Wurzel einstecken, rund um die Wurzel in Dreiecksform die Mondico-Blätter und die Birkenrinde einstecken, darunter das Dschungelmoos, dazwischen Tuffs von Anaphalis und rechts davon die Rosen, Broom bloom, Big Flower und deren Stiele einstecken.
Unterhalb der Wurzel das Nest mit dem gelben Vogel ankleben, am oberen Ende den zweiten Vogel befestigen.
Ob die Schlaufenenden dekorativ nach oben (wie hier) oder nach unten zeigen, bestimmen Sie selbst.

Ginsterschlaufe

Material:
Ginsterschlaufe
2 Eier weiß
Federn weiß
2 Vögel weiß

Minimargeriten weiß
Briza maxima gebleicht
Agrostis segromi oliv
2 m Satinband weiß, 15 mm

Zwei Rebenkränze

Der Rebenkranz hat so viel
Eigencharakter, daß Sie ihn nie
ganz unter der Dekoration
„verstecken" sollen!

Material:
Rebenkranz, 30 cm ∅
Satinband grün, 15 mm
Spitzenband weiß, 20 mm
Litze burgund
Teufelsbällchen

Großer Wiesenknopf burgund
Dschungelmoos oliv
Blütenbund rosa
Honiggras weiß, textil
Hyazinthe
Anemone rosa
Ginster blau
rote Erdbeeren
rote Beeren
2 Vögel
kleiner Ast
Steckschaum
Gras oliv

Material:
Rebenkranz, 30 cm ⌀
Satinnoppenband oliv, 20 mm
Schlingenborte burgund
Teufelsbällchen
Isolepsis grün
Großer Wiesenknopf burgund

Dschungelmoos oliv
Koralle weiß
2 Igel
Blütenbund rosa-burgund
Honiggras textil
Schafgarbe textil
Steckschaum

Der Bastkranz

Schon der „nackte" Bastkranz
ist schön.
Er wird als Gestaltungselement genutzt
und das floristische Material
danach ausgewählt.

... an der Tür

Ein dick geflochtener Bastkranz wirkt
besonders an einer dunklen Holztür.

...und am Fenster

Am Fenster scheint
der Bastkranz nicht
Licht zu nehmen,
sondern Licht
auszustrahlen.

Material:
Bastkranz, ca. 40 cm Ø
Glixia rot
Immortellen rot
Federn weiß
Birkenrinde
Ti-Tree weiß
Broom bloom grün
Dschungelmoos oliv
Federhahn groß
Spagnummoos
Chagalblätter grün
Steckschaum
ca. 3 m kariertes Band, 20 mm

Arbeiten mit Steckschaum oder Metallformen

Bisher waren alle Kränze im Kern aus Naturmaterial. Das muß selbstverständlich nicht sein. Wenn der Basiskranz voll überdeckt werden soll, bieten sich z. B. Steckschaumkränze an, die das Dekorieren erleichtern.

Rustikaler Kranz, gesteckt

Material:
Steckschaumunterlage, 25 cm ⌀
ca. 3,30 m Taftband oliv
Minimohn natur
Golddistel
Kalix
Edelweißflechte
Lavella braun
Langfaseriges Heu
Bindedraht
Cox Comb

Anleitung:
Dieser Kranz ist gesteckt und geklebt. Alle Materialien, die angedrahtet werden können, andrahten.
Dann werden fünf Gruppen aus dem gleichen Material nacheinander auf den Kranz geklebt oder gesteckt. 1,30 m Band ergibt die Aufhängung, und aus dem Rest des Bandes wird eine große Schleife gebunden und in der oberen Mitte des Kranzes eingesteckt.

Auf Drahtherz gebunden…

Material:
Metallform Herz
Lavella burgund
Lagurus gebleicht
Briza gebleicht
Cupblume burgund
Big Flower burgund
Straußgras grün
Satinband burgund, 15 mm breit
Bindedraht

Anleitung
Alle Trockenblumen auf eine Länge von
ca. 12 cm kürzen.
In der oberen Mitte beginnend rundum
die Herzform binden, immer mit sich
abwechselnden Materialien. Die in der
oberen Mitte entstandene Lücke mit einem Schleifentuff schmücken.

Gruß aus der Heide

Material:
Erika und Efeu frisch
Drahtring, 20 cm ∅, Bindedraht
Schleifenband transparent, burgund,
15 mm

Anleitung:
Die Erika in gleich lange Stücke
schneiden, mit Bindedraht
um den Drahtring legen und
den Kranz mit Schleifenband
aufhängen. Einen Schleifentuff
binden und bei der Aufhängung
einstecken. Zum Schluß Efeu
locker um den Kranz schlingen.

Bacchus zu Ehren

Material:
Metallring, 30 cm ⌀
Weintrauben blau
Weinblätter
Buchs künstlich
Minipompons weiß
Satinnoppenband, 20 mm

Anleitung:
Den Metallring zu einem Oval biegen. Abwechselnd Weintrauben auf den Kranz binden. An ca. 1 m Satinnoppenband aufhängen, eine große Schleife binden, andrahten und in die obere Mitte zwischen die Aufhängung kleben. Von hinten die großen Weinblätter ankleben.

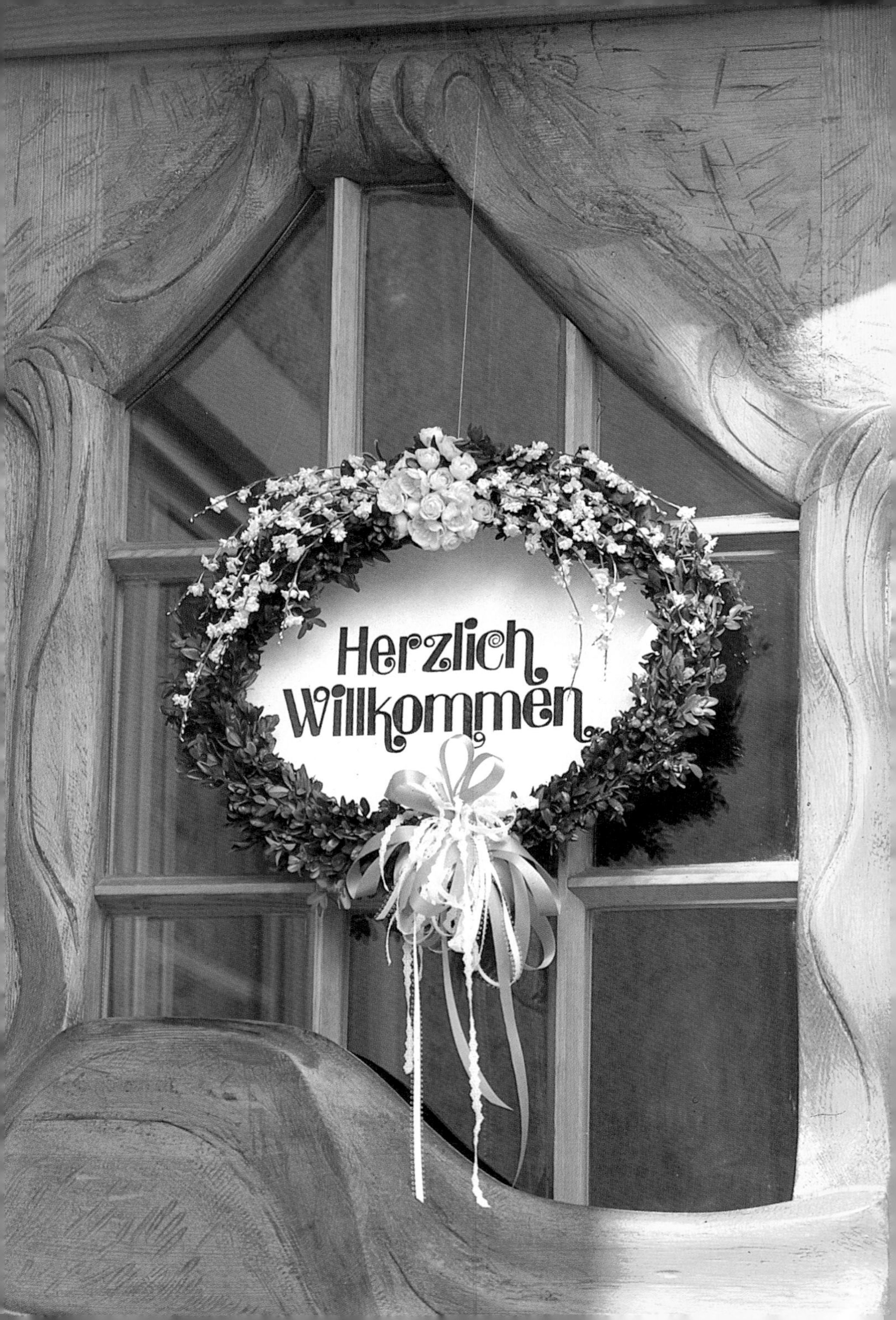
Herzlich
Willkommen

Herzlich willkommen!

Türkränze drücken in ganz besonderem Maße ein Willkommen aus. Das heißt, daß sie angebracht werden, wenn wir einen Besucher oder eine Gesellschaft herzlich begrüßen möchten. Dies können wir mit der allgemeinen und neutralen Aussage „Herzlich willkommen" ausdrücken. Jedermann kennt ja den Anlaß. Man kann aber auch thematisch das Ereignis ansprechen. Auch hierfür gebe ich Beispiele. Immer mehr setzt sich durch, in der Adventszeit mit einem Türkranz zum Ausdruck zu bringen, daß man in weihnachtlicher Stimmung ist, was der Besucher dann auch in den Räumen spürt. – Schließlich: Warum sollen wir im Frühjahr und zu Ostern nicht kundtun, daß wir uns auf die Sonne und über das Blühen freuen?

ein Blütentuff angebracht und seitlich der Ginster eingesteckt. Am unteren Ende aus den Bändern einen großzügigen Schleifentuff binden und ebenfalls einstecken.
Das „Herzlich willkommen"-Plakat von hinten ankleben.

Variante mit Rosen

Material:
Buchs
Rosen rot mini
Anaphalis weiß
Rhodante weiß
Drahtring, 40 cm
Bindedraht
Satinband rot, 15 mm
Spitze beige, 20 mm

Anleitung wie nebenstehend.

Willkommensgruß

Material:
Drahtring, 40 cm ∅
Ginster rosa und weiß
1 Bd. Rosen gefüllt rosa
1 Bd. Christrosen rosa
Satinband rosa, 15 mm
Satinnoppenband weiß, 5 mm
Spitze, 5 mm
Buchs
Bindedraht

Anleitung:
Den Drahtreif zu einem Oval biegen. Den Buchs in passende kurze Stücke schneiden und auf den Drahtring binden. Bei diesem Kranz ist die Bindung exakt und schmal. Am oberen Teil wird

Dem Brautpaar gewidmet

Material:
2 Weidenringe, 17 cm ⌀
2 rosa Tauben
1 m Perlenkette weiß
3 m Dekoband lila, 15 mm
Blütenrispe hellgrün
Dschungelmoos oliv und flieder
Lavella flieder
Briza segrum mignon
Bindedraht

Anleitung:
Die beiden Weidenringe aufeinanderkleben, an 1 m Schleifenband aufhängen, oben und unten ein Blütentuff arrangieren und die Tauben daraufsetzen. Mit Gräsern und Dschungelmoos ausschmücken, Perlenkette und Schleife einstecken. Auf der rechten Seite eine lange Blütensrispe einstecken und am Weidenring befestigen.

Der Storch war da!

Material:
Weidenkranz rosa, 25 cm ∅
Dekoband rosa, 15 mm
Satinnoppenband weiß, 5 mm
Babyschuhe rosa
Steckstörche rosa
Glaskügelchen rosa
Federn rosa, Lavella weiß
Klee burgund, Glixia rosa
Steckschaum, Bindedraht
Stypa Penata (Federgras)

Der lieben Mutter

Material:
Buchs künstlich
Drahtform Herz
Babyrosen rot
3 Plastikherzen rot
5 m Satinband rot, 3 mm breit
Bindedraht

Anleitung:
Die Drahtform rundum mit kleinge-
schnittenem Buchs umbinden, dazwischen in gleichen Abständen die Babyrosen.
Mit 1 m Satinband das Herz aufhängen,
einen großzügigen Schleifentuff binden
und oben einstecken. Die Plastikherzen mit Satinband verschieden hoch in
die Herzmitte hängen.

Erntedank

Fürs Erntedankfest
bietet sich natürlich
der Strohkranz an!

Material:
Strohkranz, 25 cm ∅
6 Mohnblumen
6 Kornblumen
6 Margeriten
Hafer natur
Weizen
Phalaris natur
Briza maxima natur
8 Salzteigbrötchen
4 m Satinband rot, 25 mm
4 m Schleifenband
blau und weiß, 15 mm

Bald ist Weihnachten

Material:
Drahtreif, 25 cm ∅
Buchs künstlich
Weihnachtssterne aus Seide
8 Glaskugeln, 4 cm ∅
Goldschnur, 1 mm ∅
Goldband, 16 mm
Bindedraht
Dekopäckchen
Dekokugeln

Den künstlichen Buchs in kleine Stücke
schneiden und mit den Weihnachtsster-
nen über den Drahtreif binden.

Türkranz mit Gewürzen

Material:
Buchs frisch
Drahtreif, 20 cm ∅
Mandeln
Haselnüsse
Sternanis
Zimt
Bucheckern gebleicht
Kaffeekugeln
Brombeeren künstlich
Himbeeren künstlich
Rote Beeren
Plombendraht
Goldband, 16 mm
Bindedraht

Frohe Ostern

Material:
Holzwollekranz gelb,
20 cm ∅
Steckschaum
2 gelbe Küken
Isolepsis grün
Maiglöckchen

Lavella gelb
Islandmoos grün
Steckschaum
Federn weiß
Schleifenband
transparent gelb, 2 cm

Bei uns war
der Osterhase!

Material:
Drahtring, 30 cm ∅
Dschungelmoos grün
Steckziegel, Islandmoos hellgrün
Ginster gelb, Isolepsis gelb
Straußgras grün, Blütenband weiß

Federn weiß
Korkenzieherhaselzweig
2 gelbe Eier, 5,5 cm groß
1 Chenille-Hahn
1 Chenille-Henne
1 Vogelnest mit 2 Vögeln
4 m Satinband gelb, 15 mm
Bindedraht

In Bayern und Österreich
nennt man es
einen „Türbuschen"

Wenn man für eine Türdekoration
schönes Material hat, so muß man dies
nicht notwendigerweise in eine Form
zwängen.
Sehr lebendig und natürlich wirkt
dieser Türstrauß bzw. Türbuschen.
Sein besonderer Reiz:
Der helle Hafer schafft eine Trennung
des übrigen Gebindes von der Tür.